MILLONARIA

MENTE

MILLONARIAMENTE

INDICE

Introducción

Por qué las afirmaciones son importantes para las finanzas

Cómo utilizar las afirmaciones de manera efectiva para el millonario

Cómo empezar

Afirmación de la mentalidad millonaria

Afirmación de la fijación de ingresos

Afirmación de la atracción

Afirmación del Imán de Efectivo

Afirmación de dinero fácil

Conclusión

MILLONARIAMENTE

Introducción

Los individuos ricos piensan diferente que la clase media y la clase pobre, en todos los aspectos de la vida, pero por sobre todo, cuando se trata de dinero. Los ricos piensan y actúan de una determinada manera, que los lleva a tener una actitud de riqueza, creencias y posiciones que producen fortuna.

Con estas nuevas actitudes vienen nuevas opciones y consecutivamente esto producirá una catarata de oportunidades para ellos, donde todo el tiempo obtendrán riqueza, gracias a sus múltiples fuentes de ingresos.

Por qué las afirmaciones son importantes para las finanzas

Empoderamiento

Las afirmaciones son declaraciones donde un individuo se habla a sí mismo y está, comienzan a producir efectos poderosos en el subconsciente.

Estas visualizaciones son vistas como "creíbles" y se colocan en el área de subconsciente que tiene que ver con el poder de mejorar la capacidad de emplear memorias poderosas particulares con menos trabajo.

A través de estas imágenes especiales una persona puede desarrollar las herramientas internas para pensar en el dinero de manera diferente, dejando que los recuerdos y las imágenes sean transportados al aquí y ahora, donde se usan para mejorar la forma en que usted ve el dinero que es crucial para las finanzas y el empoderamiento de las mismas.

¿Por qué necesitamos afirmaciones para el empoderamiento financiero? A menudo los individuos creen que estos buenos y beneficiosos recuerdos de la auto comunicación son una creencia falsa y no existen, pero el subconsciente reconoce dónde están ubicados y los dirigirá hacia adelante para aumentar el éxito en las finanzas y la vida.

Estas formas de afirmación/sugerencias son pioneras en los tractos neurales frescos en la mente, mejorando la capacidad de "jugar" con estas imágenes frescas y poderosas. Las visualizaciones tóxicas relacionadas con la negatividad, las debilidades, la deficiencia de la iniciativa, las imágenes de objetivos frágiles y la capacidad de desarrollar y trabajar un plan de acción financiera se reducen. Cuando la mente descubre escuchar nuevas afirmaciones de auto habla, el subconsciente la ve como "tangibles".

Usted probablemente ha observado un elemento común en aquellos que son ricos, en las finanzas y en la vida. Estos ganadores y personas exitosas tienden a ser entusiastas y celosos, en todos los aspectos de sus vidas. Esta exuberancia viciosa, tiende a contagiar a todas aquellas personas con las que interactúa el individuo exitoso. Una actitud positiva, y el poder de convertir esa actitud en resultados es crucial para aprovechar nuevas oportunidades, adquirir lo mejor de las decisiones financieras y trabajar con el establecimiento de metas, tanto en los negocios como en la vida.

Como puede ver, una actitud positiva es un activo valioso, sin importar cuál sea su lugar en el mundo financiero. Esto significa que usted debe asumir el hábito de ejercer afirmaciones positivas regulares. Hacer de las afirmaciones positivas una parte de su función diaria es una gran manera de alterar sus pensamientos y ayudarse a sí mismo a ser más exitoso financieramente.

Nunca es demasiado temprano o demasiado tarde para comenzar este ciclo de afirmaciones positivas, e incluso aquellos que acaban de comenzar un plan financiero, pueden beneficiarse de una actitud positiva. Incluso si su posición parece insignificante y aún no es rico, es crucial mostrar una actitud positiva, y no dejar que la negatividad se cuele para robarle su entusiasmo. Recuerde que algunas de las personas más ricas y dueños de negocios comenzaron desde abajo y se abrieron camino hacia arriba. Realmente es posible pasar de una pequeña cuenta bancaria a ser rico, pero sin afirmaciones positivas y una actitud victoriosa, este paso no será posible.

Las afirmaciones positivas constantes son extremadamente cruciales para aquellas personas que desean lograr el empoderamiento financiero. Ganar riqueza nunca es simple, pero es crucial recordar que quienes te rodean, desde las personas con las que te relacionas hasta los clientes y los competidores, sienten tu actitud y la utilizan como una señal. Si usted se queja constantemente de la falta de dinero y de la deficiencia de saber cómo ser rico, la gente a su alrededor estará menos que vigorizada. Si, por otro lado, estás constantemente proveyéndote de afirmaciones positivas a ti mismo y a las personas que te rodean, incluso en los momentos más difíciles, ellos verán tu exuberancia, aprenderán de ella, y la utilizarán como una señal para trabajar más duro y ayudar a desarrollar tu riqueza. Realmente todo se reduce a la actitud proactiva que lleve y a afirmaciones positivas que pueden ayudar a su empoderamiento financiero.

Cómo utilizar las afirmaciones de manera efectiva para el millonario

Mentalidad

Las afirmaciones son simples de crear y utilizar, pero usted necesita dedicación para hacerlos funcionar. He aquí algunas sugerencias para ayudarle a sacar el máximo provecho de estas herramientas poderosas para obtener riquezas nuevas.

Las afirmaciones funcionan.... Pero deben ser utilizadas correctamente

Las autoafirmaciones son afirmaciones

positivas o guiones propios que pueden condicionar al subconsciente para que usted pueda desarrollar una percepción más positiva de sí mismo y de cómo ve la riqueza. Las afirmaciones pueden ayudarle a cambiar conductas adversas o a lograr el empoderamiento financiero, y también pueden ayudar a deshacer el daño causado por los guiones negativos, esas cosas que nos decimos repetidamente a nosotros mismos, o que otros nos dicen repetidamente y que se suman a un auto percepción negativa y a una visión del dinero en escases.

Considere sus atributos positivos. Haga un balance de sí mismo haciendo una lista de sus mejores cualidades, habilidades o propiedades adicionales. ¿Eres ahorrativo?, ¿realiza usted buenos presupuesto con su dinero? Si contesta a estas respuestas de manera afirmativa usando el tiempo presente: "Soy ahorrativo", por ejemplo, o

"Soy un buen presupuesto", estas declaraciones son afirmaciones de quién eres. Rara vez giramos en torno a las cosas que sinceramente nos gustan de nosotros mismos, sino que elegimos pensar en las cosas que nos gustaría alterar. Una lista le ayudará a romper ese ciclo, y usar estas afirmaciones para ayudarle a apreciar quién es usted le dará la confianza que necesita para aceptar sus afirmaciones de poder financiero.

Considere qué guiones negativos le gustaría neutralizar o qué metas financieras positivas le gustaría lograr. Las afirmaciones pueden ser muy útiles para contrarrestar las percepciones negativas que usted ha adquirido acerca de sus habilidades para manejar o atraer dinero. Las afirmaciones también pueden ayudarle a lograr metas financieras específicas, como comprar una casa o un auto nuevo. Haga una lista de sus metas o de las auto percepciones adversas que le gustaría alterar.

Priorice su lista de asuntos en los que debería trabajar. Usted puede encontrar que tiene muchas metas o que requiere muchas afirmaciones diferentes. Es mejor, sin embargo, girar en torno a un par de afirmaciones a la vez, así que escoja las que sean más cruciales o más urgentes y trabaje con ellas en primer lugar. Cuando veas mejoras en esas áreas o alcances esos objetivos, puedes expresar nuevas afirmaciones para otros puntos de tu lista.

Escriba sus afirmaciones. Use las afirmaciones positivas solamente como contra-escrituras, o agregue otras afirmaciones para moldear su comportamiento con y sobre el dinero en el futuro. Las afirmaciones que usted usará para moldear cambios futuros deben seguir la misma forma. Deben comenzar con "**Yo**", y ser concisos, claros y positivos. Hay dos formas de afirmaciones orientadas al futuro que puede utilizar para trabajar hacia las metas:

- Declaraciones de "<u>**Yo puedo**</u>" es una declaración que afirma el hecho de que usted puede lograr su(s) meta(s). Por ejemplo, si usted desea aportar $1.000.000 al mes, una declaración como "Puedo aportar $1.000.000 al mes" es un buen comienzo. Varios expertos recomiendan que evite cualquier forma de connotación negativa.

- Declaraciones de "<u>**Sí, lo haré**</u>" trata de una declaración afirmando que hoy realmente utilizará su habilidad para lograr su objetivo. Así que, siguiendo el ejemplo anterior, usted puede decir, "Yo traeré $1.000.000 este mes. Una vez más, debe usar un lenguaje positivo y debe expresar claramente lo que usted hará hoy para lograr la meta a largo plazo de empoderamiento financiero y riqueza.

Compare algunos de sus atributos positivos con sus metas. ¿Cuál de los personajes positivos te ayudará a lograr las metas que te has propuesto? Por ejemplo, si se trata de maneras de atenerse a un presupuesto, es posible que necesite fuerza de voluntad o coraje. Seleccione afirmaciones para apoyar lo que necesitará.

Haga que sus repeticiones sean visibles para que pueda utilizarlas. La repetición es la clave para que las afirmaciones sean efectivas. Usted quiere considerar sus afirmaciones varias veces al día y de manera continua, en caso de que lo requiera.

Proceda usando sus afirmaciones. Cuanto más afirme algo, más firmemente lo aceptará su mente. Si usted está tratando de lograr una meta a corto plazo, use sus afirmaciones hasta que lo haya logrado. Recuerde que el universo todo lo oye, así que tenga cuidado con sus afirmaciones. Las palabras son discursos orales o escritos que tienen gran peso en su vida.

No utilice palabras negativas. En lugar de "no querer no tener dinero", utilice "**QUIERO** ser rico". El universo no entiende los pensamientos negativos, sólo los "pensamientos" son enviados al universo y envían el mensaje correcto. La repetición crea hábitos y su mente subconsciente se alineará con sus deseos.

Cómo empezar

Podemos cambiarnos positivamente a nosotros mismos cambiando nuestro pensamiento y creencias. Los pensamientos son como imanes, tienen el poder de atraer de acuerdo a su vibración.

Lo que nos afirmamos a nosotros mismos a diario confirma cómo nos sentimos y cómo experimentamos la vida. Uno de las más poderosas formas de crear la vida y la riqueza que queremos es a través de afirmaciones.

Una manera poderosa de empezar a usar las afirmaciones para el empoderamiento financiero es escribirlas en una tarjeta de índice y leerlas a lo largo del día. Cuanto más las practiques, más profundas serán las nuevas creencias. Las mejores horas para revisar sus afirmaciones son a primera hora de la mañana, durante el día y antes de irse a dormir. Después de relajarse en un profundo, tranquilo y meditativo estado de ánimo, imagínese que usted ya se ha hecho rico y sabe cómo administrar su dinero. Imagínese en el entorno físico que le gustaría estar, la casa que le encantaría tener y que le reconforta, los dígitos numéricos a mansalva que contiene en su dominio y la recompensa financiera adecuada por sus esfuerzos de trabajo. Agregue cualquier otro detalle que sea esencial para usted, como las facturas que desea pagar, la cantidad de dinero que desea ganar mensualmente, y así sucesivamente. Trate de sentir en ti mismo que esto es posible; experiméntalo como si ya estuviera sucediendo. En resumen, imagínatelo exactamente como le gustaría que fuera, como si ya fuera así. Trate de pararse frente a un espejo y use afirmaciones mientras se mira a los ojos. Si puede, repítalas en voz alta con pasión. Esta es una manera poderosa de cambiar sus creencias limitantes muy rápidamente.

Si encuentra difícil creer que una afirmación va a suceder, agrega "**Yo elijo**" a la afirmación. "Elijo manejar mis finanzas correctamente", por ejemplo, o "Elijo adquirir poder financiero y hacerme rico".

Ate emociones positivas a sus afirmaciones. Considere cómo lograr su meta lo hará sentir, o considere lo bien que se siente al saber que está asegurando su futuro financiero. La emoción es un combustible que hace que las afirmaciones sean más potentes.

Si usted no quiere que la gente sepa acerca de sus afirmaciones de empoderamiento financiero, simplemente coloque sus recordatorios en lugares discretos. Recuerde, sin embargo, que es esencial que usted los vea con frecuencia, o no le servirán de nada.

Si se encuentra simplemente repitiendo las palabras de sus afirmaciones, en lugar de enfocarse en su significado, cambie las afirmaciones. Usted es capaz de afirmar los mismos objetivos o características naturalmente, pero reformulando sus afirmaciones puede regenerar su efectividad.

Pídele a sus amigos que le digan una versión de sus afirmaciones, por ejemplo, "LOLITA, realmente estás aprendiendo a manejar tu dinero. Debes sentirte genial." Las autoafirmaciones son valiosas exactamente igual que te liberan de la dependencia en la aprobación de otros, pero las afirmaciones de otros pueden ser tan buenas como los guiones negativos de otros son dañinos.

La gratitud es una afirmación muy potente y un ejemplo de ello puede ser una que diga lo siguiente: "

Disfruto de la riqueza que tengo mi vida y confío en que más vendrán a mi camino".

Afirmación de la mentalidad millonaria

<u>Tengo una mentalidad millonaria, el dinero viene a mí</u>

¿Qué secretos saben los ricos? ¿Qué clase de poderes místicos tienen? La respuesta es fácil. Todo está en la forma en que piensan. Los individuos acaudalados tienen una mentalidad millonaria. Es esta forma de pensar la que separa a las almas exitosas del resto de la población.

El subconsciente es muy poderoso. Es mucho más potente que su mente consciente. Puede ayudarlo a lograr su sueño o impedirle alcanzar el éxito que desea en los negocios y en la vida.

Hay cosas que usted puede hacer hoy en día que podrían alterar su forma de pensar y darle poder financiero. Acepte la responsabilidad absoluta de todo lo que sucede en su vida. Deje de culpar a otros por todos sus problemas. Céntrese en lo positivo, atraiga cualquier cosa a la que le preste atención. Esto significa que si se concentra en lo que quiere, al final lo conseguirá.

Disfrute de su trabajo. ¿Está tratando de ser rico pasando cincuenta o más horas semanalmente haciendo algo que detesta? Sólo se puede tener éxito en la vida si se hace lo que se disfruta. Para tener un éxito genuino, hay que descubrir nuestra propia voz y hacer nuestro propio camino.

Ámese a sí mismo. Confíe en que tiene tanto derecho a estar contento como los demás. Confíe en que no merece nada más que lo mejor que la vida le puede ofrecer y seguramente será rico.

Nunca tenga celos del éxito de los demás. Si ve a alguien con un auto elegante o una casa hermosa, di algo como "**¡Bien por él!**". Ser celoso o envidioso sólo impedirá que el dinero y la riqueza entren en su vida.

¿Quiere hacerse rico? ¿Quiere cambiar su situación actual? Antes que nada, tiene que crear una mentalidad millonaria siguiendo las instrucciones anteriores. Pronto, los milagros comenzarán a suceder en su vida y las bendiciones de riqueza y abundancia comenzarán a fluir.

Afirmación de la fijación de ingresos

Alcanzando las metas de Ingresos

Todos tenemos sueños de lograr nuestro ingreso ideal, pero sin un plan y acción persistirán como simples sueños.

Esta sección contiene un par de pasos principales para lograr sus metas y alcanzar el nivel de ingresos que usted desea:

1- Visualice dónde le gustaría estar dentro de un año.

2- Visualice el nivel de negocio específico que desea y que características tendrá el mismo Escoja un negocio que sea realista en cuanto a los ingresos o ganancias que desee. Visualice lo más específico que pueda.

3- Visualice el entorno, es decir, imagine a sus clientes o miembros de equipo ideales. Haga de la visualización de su ideal una rutina diaria.

4- Haga un mapa de los pasos que tendrá que dar para estar dondequiera dentro de un año.

5- Piense en las obstrucciones y en las formas en que las vencerá.

6- Distinga sus pensamientos negativos hacia el logro de su negocio e ingresos planificados. Cuando te des cuenta de los pensamientos que pueden limitar tu progreso, podrá controlarlos y derrotarlos.

7- Tome medidas para alcanzar sus objetivos y prevea obtener lo mejor de las cosas con las que limita su potencial.

Llegue a un plan escrito de lo que se necesita para estar donde quiere estar. Cuando imagine, visualice el ideal, cuando planifique, hágalo con pasos y acciones verdaderamente concretos y siga adelante con ellos. Consiga mentores y pida consejo a aquellos que están en la posición que usted desea.

Los mentores pueden ser también aquellos

que están fuera de su camino de negocios elegido y que le ayudarán a ser el mejor. Estudiar el contenido motivacional y mantenga una perspectiva positiva.

Afirmación de la atracción

Atraigo nuevos negocios y oportunidades para mí todos los días

Millones de personas han oído hablar de la ley de la atracción, una teoría que aporta "**pensamiento positivo**" Aunque es un fenómeno bastante reciente, los pensadores espirituales dicen que han estado examinando los conceptos durante años.

La ley de la atracción es que nuestro pensamiento nos trae y nos imparte todo lo que pensamos. Es como si cada vez que pensamos un pensamiento, cada vez que pronunciamos una palabra, el universo nos está escuchando y respondiendo.

La negatividad puede impedir que recibas las cosas que deseas en la vida. Alternativamente, usted es capaz de metamorfosear su vida permaneciendo positivo. Tiene que empezar a decir cosas que sientas realmente bien contigo mismo, como ser: "disfruto de lo que soy", "disfruto de la vida", "la vida me gusta". Tienes que entender que no lo va a conseguir el día del comienzo, pero si planta la semilla del bien y la riega y sigue adelante con las afirmaciones, las cosas comenzarán a transformarse. Sepa lo que quiere y pídale al universo. Aquí es donde necesita tener claro qué es lo que le gustaría crear y visualizar lo que quiere como verdadero.

Sienta y actúe como si el objeto de su deseo estuviera en camino. Centre sus pensamientos y su lenguaje en lo que le gustaría atraer. Sienta la sensación de saber verdaderamente que lo que desea está en camino hacia ti.

Sea hospitalario al recibirlo. Preste atención a sus mensajes intuitivos, sincronizaciones y signos del Universo para ayudarlo a lo largo del sendero como garantía de que está en el camino "correcto". A medida que vaya afianzándose con sus afirmaciones positivas, el universo le concederá la gloria.

Afirmación del Imán de Efectivo

¡Soy un imán que atrae dinero!

Saque un dólar de su bolsillo. Observe la tinta verde y el número en cada esquina. Es un pedazo de papel con tinta, un par de símbolos con número, eso es todo. Los individuos trabajan hasta la muerte por obtener esos papeles verdes. Muchos viven en la pobreza extrema, todo por la forma en que consideran el papel verde.

Muchos no reconocen que el dinero es energía. Todo en el cosmos lo es. Comprendemos que las cosas son diferentes ya que estas energías están vibrando a frecuencias variadas. El dinero no es inmune a esta ley general. Cuando las 2 energías son armónicas, se atraen. Si no, se repelen entre ellas. Por eso son tantos los pobres. No están armonizados con el dinero, así que bloquean su flujo en sus vidas. Para atraer dinero en efectivo hay que estar en armonía con él.

Desarrollamos pensamientos o los aceptamos de una fuente externa, los cargamos de emoción y los inculcamos en el subconsciente. Enviamos impulsos que son respondidos por el Universo. El trabajo duro se considera normal. Tú eres subconscientemente disciplinado para creer que el trabajo es el medio a través del cuales obtienes dinero. Cuanto más trabajas más dinero recibes. Los individuos no estaban destinados a trabajar veinte horas al día. Tampoco debían sacrificarse por trabajar en tres puestos de trabajo. Dios no nos dio una suma finita de tiempo aquí en la tierra para trabajar como esclavos. No con nuestro poder mental.

No quiero menospreciar la idea del trabajo. Al pensar, recibimos lo que deseamos. Por la acción lo recibimos. Teóricamente tenemos la capacidad de manifestar dinero o lo que queramos si estamos en perfecta armonía con el cosmos. Trabaje, pero nunca sienta que tiene que trabajar o que necesita trabajar para obtener dinero. Esto configura un canal para las riquezas: su trabajo. El Universo tiene innumerables canales. Dedicar tiempo al trabajo, pero también dedicar tiempo al pensamiento. Tu pensamiento produce tu realidad.

El dinero fluirá en tu vida cuando lo permitas. Si su flujo de efectivo es bajo, está deteniendo el flujo. Tienes ideas negativas sobre el dinero. Posiblemente piensas que es malo. O que necesitas trabajar duro para conseguirlo. Hay creencias más restrictivas sobre el dinero en efectivo de las que puedo enumerar aquí. Los pensamientos negativos bloquean el flujo de energía. Los pensamientos positivos dejan fluir la energía. Cuando se es consciente de cualquier creencia limitante, puede liberarla. La clave es descubrirlos.

El efectivo es una especie de energía, igual que tú. Cuando estas dos energías están en armonía, las posibilidades son ilimitadas. No hay límites en el Universo, sólo los que los individuos crean para sí mismos.

Afirmación de dinero fácil

Ganar dinero es fácil

A todos nos han dicho o escuchado en algún momento de nuestras vidas que si sinceramente crees en algo, ten Fe en que sucederá.

Ahora hay muchos individuos que no creen esa idea por completo y luego están los que dicen que la practican, pero en realidad no la practican, simplemente piensan que lo hacen. Luego están los que practican sinceramente la Fe y tienen un éxito tremendo. ¿Alguna vez te has preguntado por qué o cómo lo hacen? Hay un número de pasos involucrados en la creencia y usted realmente necesita tenerlo todo en su lugar antes de que pueda ayudarlo a alcanzar sus metas.

Déjame hacerle un par de preguntas fáciles:

1- ¿Cree sin duda, que puede y tendrá todo lo que quiera en la vida?

2- ¿Cree sin duda alguna, que será guiado a la situación correcta en el momento adecuado?

3- ¿Cree, sin duda, que siempre hay una manera de alcanzar sus objetivos?

Si respondió NO, o quizá a alguna de las preguntas anteriores, que no crees y, en consecuencia, no llegarás a donde quieres estar; creer requiere esta completa confianza en que todo funcionará. Que usted hará su parte en la búsqueda de soluciones mientras confía y sabe que puede y obtendrá lo que quiere de la vida. Entonces, ¿cómo llegamos a ese nivel? Hay que llegar hasta allí dando pequeños pasos. Empiece a fijar pequeñas metas, incluso con asuntos que usted sabe que sucederán y luego confiar y renunciar. Usted puede hacer esto cuando está conduciendo, confíe en que llegará a su destino a tiempo y tendrá un simple viaje de ida y vuelta. Veamos qué pasa después de una semana de hacer esto. Si pierde sus llaves, dígase a sí mismo que sabe dónde están y confíe en que las encontrará en el momento adecuado. Si no está seguro de una decisión que tiene que tomar, considera todas las posibilidades y luego se dice a si mismo que está tomando la decisión correcta.

Después de un tiempo, por naturaleza, lo

considerará de nuevo y llegará fácilmente a una conclusión. La clave es creer y renunciar. A veces tiene que distraerse para no preocuparse. Preocuparse es lo opuesto a creer, es decir, no creo, así que tengo que preocuparme - ya que al preocuparme puedo hacerlo mejor - pero tú no puedes.

Te aconsejo que empieces por lo pequeño para que desarrolles esta práctica. Como cuando las grandes decisiones tienen que ser tomadas, sabrá que el proceso funciona y usted no se preocupará, usted creerá que puede y hará lo que necesite para hacer y lograr sus metas.

Este procedimiento es tan fácil y a la vez tan poderoso, pero lleva tiempo adquirir el hábito. Esta práctica de creer es vital para su éxito financiero. Sin ella, todo lo demás que haga no tendrá sentido al final.

Conclusión

Todo el mundo quiere tener **PODER FINANCIERO**. Esta es una meta que mucha gente ha logrado y muchos más individuos desean lograr. Hay muchas maneras de tener éxito financiero, y cada individuo tiene su propia definición de riqueza. Independientemente de cuál sea su definición de riqueza, las afirmaciones pueden ayudarlo a alcanzar su meta.

Esperamos que este Ebook le haya dado las herramientas para tener una visión diferente del uso de las afirmaciones para el empoderamiento financiero.

Visita nuestra página de autores en Amazon! ¡Y consigue más **MENTES LIBRES!**

http://amazon.com/author/menteslibres

Si lo deseas, puedes dejar tu comentario sobre este libro haciendo clic en el siguiente enlace para que podamos seguir creciendo! ¡Muchas gracias por tu compra!

https://www.amazon.com/dp/B0823GMN4Z

www.ingramcontent.com/pod-product-compliance
Lightning Source LLC
Chambersburg PA
CBHW070842220526
45466CB00002B/862